Die Standardaussprache im dualen System. Eine Analyse der Verwendung von Standardlautung in den Fernsehnachrichten anhand der Nachrichtenformate „SAT.1-Nachrichten", „RTL2 News" und der „Tagesschau"

Fabiane Rieke

Bibliografische Information der Deutschen Nationalbibliothek:

Die Deutsche Nationalbibliothek verzeichnet diese Publikation in der Deutschen Nationalbibliografie; detaillierte bibliografische Daten sind im Internet über http://dnb.d-nb.de abrufbar.

ISBN: 9783346587510
Dieses Buch ist auch als E-Book erhältlich.

© GRIN Publishing GmbH
Nymphenburger Straße 86
80636 München

Druck und Bindung: Books on Demand GmbH, Norderstedt Germany
Gedruckt auf säurefreiem Papier aus verantwortungsvollen Quellen

Das Buch bei GRIN: https://www.grin.com/document/1170500

Westfälische Wilhelms-Universität Münster
Germanistisches Institut
Wintersemester 2011/12
Seminar: Phonetik und Phonologie der deutschen Gegenwartssprache

Die Standardaussprache im dualen System-

eine Analyse der Verwendung von Standardlautung in den Fernsehnachrichten anhand der Nachrichtenformate „SAT.1-Nachrichten", „RTL2 News" und der „Tagesschau"

Fabiane Rieke

Inhaltsverzeichnis

1 Einleitung

Heutzutage ist es kaum noch vorstellbar, dass die Vermittlung von Nachrichten in Deutschland bis Mitte des 20. Jahrhunderts hauptsächlich auf die haptischen bzw. auditiven Medien Zeitung und Radio beschränkt war. Nachdem sich 1952 primär der Sendestart der „Tagesschau" in der ARD ereignet hatte, etablierte sich der Konsum von Nachrichten im Fernsehen als „das Beispiel für die Ritualisierung des Fernsehens[…]"[1], der sich auch bald auf private Sender erstreckte. Auf die „Tagesschau" folgten in den Jahren 1984 und 1993 die privaten Sender SAT.1 sowie RTL2, die das Nachrichtenangebot durch ihre Formate „Sat1-Nachrichten" und „RTL2-News" bereicherten. Diese Entwicklung ging auch mit einer essentiellen Veränderung auf der linguistischen Ebene einher: Die Einführung des *Duden-Aussprachewörterbuchs* erfolgte, welches laut journalistischer Fachliteratur[2] als Orientierung für die journalistischen Sprecher des dualen Systems geltend ist.

Hinsichtlich der Präsentationsart der Nachrichten der privaten Sendeformate wurde gerade in den Anfangsjahren die Tendenz zu einer moderneren Nachrichtenpräsentation im Gegensatz zu dem „offiziösen Verlautbarungscharakter" (Maurer 2005: S. 54) der öffentlich-rechtlichen Nachrichtenpräsentationen festgestellt. Diese Kluft des dualen Systems ist auch noch heute anhand von verschiedenen Qualitätsmerkmalen erkennbar, die kritische Fragestellungen hinsichtlich ihrer sprachlichen Realisierungsformen zulassen: Nimmt die strukturelle Vielfalt der Nachrichtensender Einfluss auf deren Sprachgebrauch, sodass der traditionelle, öffentlich-rechtliche Sender ARD eher einer normierten Standardlautung gerecht wird als die moderneren, privaten Nachrichtenformate der SAT.1 und RTL2? Sind weitere Variablen wie die journalistische Präsentationsform entscheidend für eine deutliche Aussprache?

In der folgenden Hausarbeit werden diese Zusammenhänge expliziter untersucht, indem zunächst eine vergleichenden Analyse des dualen Systems in Anlehnung an dessen Präsentationskontexte und an die qualitätsorientierten Medienforschung erfolgt, um dann in einem weiteren Schritt zu untersuchen, ob diese auch auf die sprachliche Ebene übertragbar sind. Dazu wird zunächst auf relevante, linguistische Merkmale der Standartlautung eingegangen, die darauffolgend anhand von Audiodateien der

---

[1]Maurer, Torsten: *Fernsehnachrichten und Nachrichtenqualität. Eine Längsschnittstudie zur Nachrichtenentwicklung in Deutschland*. München: Verlag Reinhard Fischer 2005 (= Angewandte Medienforschung. Schriftreihe für die Kommunikationswissenschaft, Bd. 32). S. 19
[2] Vgl. Wachtel, Stefan: *Sprechen und Moderieren in Hörfunk und Fernsehen*. 6. Konstanz: UVK Verlagsgesellschaft mbH 2009 (= Praktischer Journalismus, Bd. 23). S. 114

Nachrichtensprecher im Rahmen des Exmaralda-Partitur Programms wissenschaftlich analysiert und ausgewertet werden, um daraufhin zu einer kohärenten Schlussfolgerung zu gelangen.

2 Vergleich der Nachrichtenformate des dualen Systems

Das Bundesverfassungsgericht hat in Bezug auf die Nachrichtenformate im Fernsehen die Gemeinsamkeit hervorgehoben, dass „alle Medieninhalte das Potenzial[haben] [...], auf das Orientierungs-und Qualifikationswissen [...] der Bürger einzuwirken" (Maurer 2005: S. 96). Zieht man allerdings die Präsentationskontexte und die Resultate aus der Qualitätsanalyse der angewandten Medienforschung aus dem Jahre 2001 (vgl. Maurer 2005) in Betracht, zeichnen sich wesentliche Unterschiede in den Nachrichtenformaten ab.

2.1 Darstellung der unterschiedlichen Präsentationskontexte

Hinsichtlich des Präsentationskontextes der Nachrichten sind bezüglich der Internetpräsenz bereits wesentliche Unterschiede festzustellen. Betrachtet man die Internetseite der ARD[3], ähnelt diese in ihrer neutralen Struktur einer Tageszeitung, wobei die „Nachrichten" den zentralen Aufhänger bilden, die durch die Bereiche Kultur, Sport etc. ergänzt werden. Bei den privaten Sendern SAT.1 und RTL2 wird der Anglizismus „News" verwendet[4], der in Kontrast zu den Programmhinweisen eher sekundär dargestellt wird und primär Themenbereiche der Unterhaltungssparte abdeckt. Diese Modernisierung der Nachrichtenpräsentation geht mit der historischen Entstehung der Sender einher (vgl. 1) und lässt die Andeutung einer Skala von einer traditionellen, seriösen Nachrichtenvermittlung bei der ARD zu einer modernen, neuartigen Art der Darstellung in SAT.1 und darauffolgend in RTL2 zu. Aus dieser Rangordnung resultieren unterschiedliche Adressatenkreise. Während die „RTL2 News" hauptsächlich von der „Generation Videoclip"[5] ,die eine junge Generation zwischen 14-29 Jahren einschließt, konsumiert wird, und sich auch die „Sat1 Nachrichten" vor allem an die Zielgruppe von 14-49 Jährigen Zuschauern richtet, stellt die „Tagesschau" weiterhin eine Randerscheinung

---

[3] Vgl. http://www.ard.de (Zugriff am: 25. 03.2012)
[4] Vgl. http://www.sat1.de, http://www.rtl2.de (Zugriff am : 25.03.2012)
[5]http://www.sueddeutsche.de/kultur/rtl-news-anti-erziehungs-tv-was-der-tagesschau-peinlich-ist-1.587981(Zugriff am 25.03.2012)
[6] http://www.quotenmeter.de/cms/?p1=n&p2=37740&p3 (Zugriff am 25.03.2012)

beim Nachrichtenkonsum der jüngeren Fernsehzuschauer dar[6], auch wenn sie als die „meistgesehene Nachrichtensendung im deutschen Fernsehen"[7] zu definieren ist.

2.2 Qualitätsanalyse des dualen Systems

Die beschriebenen Oberflächenmerkmale der unterschiedlichen Präsentationskontexte deuten bereits einen Kontrast des dualen Systems an, der von Resultaten der angewandten, qualitätsorientierten Medienforschung aus dem Jahre 2001 (vgl. Maurer 2005) gestützt werden. Ein primäres Qualitätskriterium stellt laut Thorsten Maurer die Themenstruktur dar, die im engeren Sinne eine Erforschung der Verteilung von politisch-gesellschaftlich kontroversen und Human-Touch- bzw. von öffentlich relevanten Themen in den Hauptnachrichten beinhaltet. In den Untersuchungsresultaten aus dem Jahre 2001 ist die Abgrenzung der öffentlich-rechtlichen Sender gegenüber den privaten Sendern klar anhand von der Themenverteilung festzumachen. Während der Zeitumfang an politisch-gesellschaftlich kontroversen Themen bei der ARD bei 76% % liegt, kann beispielsweise in dem privaten Sender SAT.1 nur ein Anteil von 43 % verzeichnet werden. Auf der Ebene der Human-Touch-Themen hingegen, nimmt die Berichterstattung im privaten Sektor wesentlich mehr Zeit in Anspruch (vgl. Maurer 2005: S. 189). Die Untersuchung zur Abdeckung von öffentlich relevanten Themen spricht den öffentlich-rechtlichen Sendern ebenfalls eine positivere Bilanz zu, wobei die ARD gemessen durch Übereinstimmungen mit den Titelseiten der Qualitätspresse die relevanteste Themenstruktur repräsentiert (vgl. Maurer 2005: S. 224, S. 258).

Ein weiterer, essentieller Faktor, der zur Beurteilung der Qualität der öffentlich-rechtlichen und privaten Nachrichtensendungen herangezogen wurde, ist die Akteur-Struktur, die die gesellschaftlichen Kontexte der Akteure und die Neutralität bei deren Berichterstattung berücksichtigt. Hinsichtlich der gesellschaftlichen Kontexte ist festzustellen, dass bei den öffentlich-rechtlichen Sendern der Anteil der Akteure aus dem Wirtschaftssystem dominieren, während in den privaten Sendern mehr Akteure dem sozio-kulturellen Sektor zuzuordnen sind. Darüber hinaus zeichnet sich in puncto „journalistische Professionalität" (Maurer 2005: S. 238), die Maurer unter anderem durch das Kriterium Neutralität definiert, ebenfalls eine Tendenz ab. In den Hauptnachrichten ist laut der Qualitätsanalyse in den privaten Nachrichtenformaten ein größerer Prozentsatz an Beiträgen mit journalistischen

---

[7] http://www.ard-hauptstadtstudio.de/programm/das_erste/tagesschau/tagesschau130.html (Zugriff am 25.03.2012)

Wertungen (vgl. Maurer 2005: Anhang, Tabelle 28) zu erkennen als in der ARD. Demnach ist der Nachrichtensendung des öffentlich-rechtlichen Senders mehr Neutralität zuzusprechen, was als wesentlicher Faktor zur Messung der Qualität von Nachrichten verstanden wurde.

3 Beschreibung linguistischer Phänomene der Standardsprache

In journalistischer Fachliteratur ist laut Stefan Wachtel vor allem ein Faktor ausschlaggebend für Professionalität: eine möglichst präzise Aussprache (vgl. Wachtel 2009: S. 113). Des Weiteren folgert er: „Wer versucht, korrekt zu sprechen, ohne die deutsche Standardaussprache tatsächlich zu beherrschen, wird scheitern." (Ebd. S. 113). Im Duden „Das Aussprachewörterbuch"[8] wird neben einer regulativen Auflistung von Phänomenen der deutschen Standardsprache auch auf die „ungenormte Lautung", unter welche die Umgangs- und Überlautung zu fassen sind, eingegangen. Diese Kategorien sind anhand der Phonemfolgen /nən/, /mən/ und /ŋən/ ‚die in meiner Analyse Berücksichtigung finden werden, zu veranschaulichen. Die Standardlautung des Dudens sieht in jeder dieser Phonemfolgen die Aussprache des Schwa-Lautes vor, da /ən/ auf die Nasenlaute [n], [m], [ŋ] folgt. Demnach kann bei Aussprachevarianten wie die des silbischen m, n, oder ähnlichem, die diese Stellung als Bedingung erfüllen und dennoch nicht das „Schwa" artikulieren, auf die Verwendung der Umgangslautung geschlossen werden, welche „weniger deutlich und schriftnah ist als die Standardlautung" (Mangold 2005: S. 64). Im Gegensatz dazu, ist eine zu deutliche Hervorhebung des [ə] ebenso als Phänomen ungenormter Lautung zu klassifizieren. Diese Regel wird im Rahmen des zweiten Kapitels „Überlautung" unter dem Punkt 1b gefasst, der einen Ersatz von [ə] durch die Phone [e] oder [ɛ] beschreibt. Demzufolge entsprächen die Phonemfolgen /nem/, /nɛm/ etc. diesem Kriterium der Überlautung, welche „deutlicher und schriftnäher ist als die Standardlautung" (Mangold 2005: S.67). Während die Umgangslautung als häufiges Vermittlungsorgan im Fernsehen fungiert, welcher sich die Akteure im Fernsehen normalerweise bedienen, „wenn [sie] sich an ein breites Publikum wende[n]" (Mangold 2005: S.64), ist die Verwendung der Überlautung eher auf einen „ungeschulten[n] Sprecher" (Mangold 2005: S. 67) zurückzuführen.

---

[8] Mangold, Max. *Duden. Das Aussprachewörterbuch*. Hrsg. von Kathrin Kunzel-Razum, Werner Scholze-Stubenrecht u.a. 6.Mannheim: Dudenverlag 2005 (= Der Duden in 12 Bänden. Das Sandardwerk zur deutschen Aussprache, Bd. 6)

4 Empirisches Vorgehen bei der Analyse der Audiodateien aus den „SAT.1-Nachrichten", den „RTL2 News" und der „Tagesschau"

In der folgenden Analyse ist zu überprüfen, ob sich die Qualitätsdifferenzen unter Berücksichtigung der vorgestellten Phänomene, auch in der Sprache widerspiegeln, sodass sich die inhaltlich neutralen Sprecher der „Tagesschau" am ehesten an der Standardaussprache orientieren, während in den „SAT.1 News" weniger von „genormter Lautung" Gebrauch gemacht wird und in dem jüngsten Sendeformat „RTL2 News" eine noch geringere Anzahl an Merkmalen genormter Lautung präsent sind.

4.1 Angaben zum Korpusaufbau und zur Datenaufbereitung

Der Analyse liegen jeweils zwei Audiodateien der Sender ARD, SAT.1 und RTL2 zugrunde, die aus den Nachrichtenformaten „Tagesschau", „SAT.1-Nachrichten" und den „RTL2 News" entstammen, die am 02. und 03. 09. 2010 ausgestrahlt worden sind. Um einer Vergleichbarkeit im weiteren Sinne gerecht zu werden, sind sowohl mit dem öffentlich-rechtlichen Sender ARD und den privaten Sendern SAT.1 und RTL 2 beide Positionen des dualen Systems vertreten. Im engeren Sinne lassen die Audiodateien des Senders RTL2 und des Senders SAT.1, dessen Nachrichtenursprung neun Jahre später zu verzeichnen ist, ebenso das Festhalten von Unterschieden innerhalb des privaten Systems zu. Die Korpi beinhalten die Sprecherrollen der Anmoderation, der Nif-Sprecher[9] und einiger VOX-Pops, die die Meinung willkürlicher Menschen widerspiegeln. Da diese Menschen keinem journalistischen Hintergrund zuzuordnen sind und daher keine objektive Ebene der Vergleichbarkeit gewährleisten können, werden sie in meiner Analyse nicht integriert. Des Weiteren können geschlechtsspezifische Merkmale differenziert werden. Während in SAT.1 und ARD jeweils eine männliche Person als Moderator der Sendung agiert, wird dieses in den RTL2 News von einer Frau übernommen, woraus ein höherer Anteil an weiblichen Sprechern in den RTL2 News als in den übrigen Sendern resultiert[10]. Sowohl der Einfluss der Sprecherrollen als auch deren Qualifikation werden in der Analyse Berücksichtigung finden: Ist einem Sprecher, der die Nachrichten im Film kommentiert und daher auf der visuellen Ebene keine repräsentative Rolle in der Nachrichtensendung einnimmt wie die Anmoderation, eher eine Tendenz zu ungenormter Lautung zuzusprechen? Lässt die sprachliche Realisation Rückschlüsse auf die „journalistische Professionalität" (vgl. Maurer 2005: S. 238) der Akteure von den unterschiedlichen

---

[9] *Nif* fungiert als Abkürzung für *Nachrichten im Film.*
[10] Das *Geschlecht* wird in folgender Analyse nicht berücksichtigt, da ein ungleicher Frauenanteil der verschiedenen Sendeformate keine vergleichbare Basis voraussetzt, um fundierte Aussagen über den Einflussfaktors *Geschlecht* auf die Standartlautung gewährleisten zu können.

Sendeformaten zu? In der folgenden Analyse werden diese Fragen Berücksichtigung finden, um daraufhin zu der übergeordneten Fragestellung zurückzukehren.

4.2 Analysemethode

Im Rahmen des Partitur Exmaralda 1.5.1 Programms werden zunächst die journalistischen Sprecher der Analysedateien eines Senders transliteriert, wobei zwischen den Akteuren „Nif-Sprecher" bzw. „Anm"[11] bei den Spuranlegungen unterschieden wird. In einem nächsten Schritt werden die Endsilben „nən", „mən" und „ŋən" als grundlegende Variablen hinzugefügt und analysiert. Darauffolgend werden die zwei Audiodateien eines Senders jeweils zusammenfassend betrachtet, sodass sich feststellen lässt, welche Merkmale in welcher Anzahl insgesamt vorhanden sind. Diese lassen sich im Weiteren zu Phänomenen der Standardsprache sowie zu Repräsentanten ungenormter Lautung kategorisieren. Bei letzteren wird außerdem noch zwischen einer Tendenz zur Umgangssprache bzw. zur Überlautung differenziert. Diese Prozedur wird für alle drei Sendeformate repetiert woraufhin auf absolute Werte geschlossen werden kann. Nach dieser globalen Betrachtung der Quantität der Merkmale ungenormter Lautung erfolgt in einem nächsten Schritt die genauere Untersuchung des Zusammenhangs dieser mit der Personenstruktur. Es wird geprüft, welcher journalistischen Rolle die Sprecher angehören, die für Phänomene, die von der Standardlautung abweichen, verantwortlich sind. Aus den absolut vorhandenen Merkmalen, genauso wie für die in der globalen Betrachtung bereits aufgeführten Daten, in einem finalen Rückbezug auf die Gesamtheit relative Häufigkeiten zu bestimmen, die sich zu allgemeinen Aussagen verfestigen lassen.

5 Datenanalyse

In dem folgenden Kapitel werden zunächst die Resultate der Analyse in graphischer Darstellungsform präsentiert, die zuerst unter deskriptiven und daraufhin unter interpretativen Gesichtspunkten näher beleuchtet werden. Nachdem Aussagen über das Säulendiagramm „Verwendung ungenormter Lautung" vorgenommen worden sind, können auf der Basis des Streifendiagramm „Einfluss der Personenstruktur auf die Standardlautung" weitere personelle Faktoren Berücksichtigung finden, die ebenso in die schlussfolgernde Interpretation einfließen werden.

---

[11] Anm. fungiert als Abkürzung für die Anmoderation.

5.1 Verwendung ungenormter Lautung

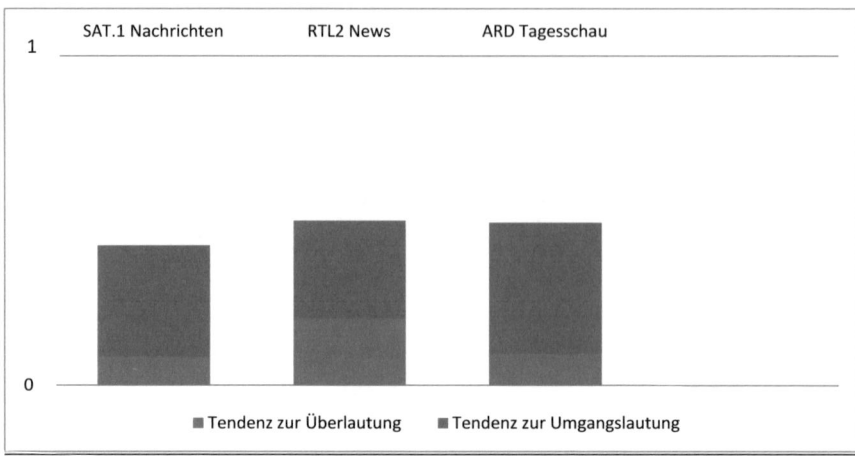

Legende: Tendenz zur Überlautung jeweils unten im Balken, Tendenz zur Umgangslautung jeweils oben im Balken

Das Säulendiagramm a) stellt den Anteil von Merkmalen ungenormter Lautung an der Gesamtzahl der vorhandenen Phänomene in dem jeweiligen Sender dar. Darüber hinaus wurden die beiden Unterkategorien ungenormter Lautung, *Tendenz zur Überlautung* und *Tendenz zur Umgangslautung* in Relation zueinander gesetzt. Aus diesem Diagramm wird zunächst ersichtlich, dass der Anteil an Merkmalen ungenormter Lautung bei allen Sendern beinahe 50% der Gesamtlautung ausmacht. Des Weiteren ist festzustellen, dass die Sprecher des privaten Nachrichtenformats „SAT.1-Nachrichten" mit einer Gesamtzahl an Merkmalen ungenormter Lautung von 42,3% gegenüber denen der „Tagesschau" mit 49,4 % und denen der „RTL2 News" mit 50%, am wenigsten von nicht regulativ festgelegten Phänomenen Gebrauch machen. Allgemein ist bei allen Sendern ein höherer Anteil an Umgangs- als an Überlautung zu verzeichnen, wobei sich die Sprecher der „RTL2 News" prozentual am häufigsten der Kategorie *Tendenz zur Überlautung* bedienen und bei der „Tagesschau" die *Tendenz zur Umgangslautung* mit 39,8 % von allen Sendeformaten am stärksten ausgeprägt ist.

5.2 Einfluss der Personenstruktur auf die Standardlautung

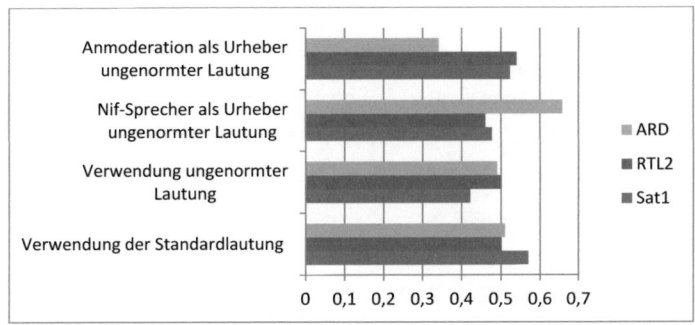

Legende: ARD jeweils erster Balken, RTL2 jeweils zweiter Balken, Sat.1 jeweils dritter (unterster) Balken

In dem Streifendiagramm b) wird die Personenstruktur als Einflussfaktor auf die Verwendung ungenormter Lautung berücksichtigt, wobei zwischen den Kriterien *Anmoderation als Urheber ungenormter Lautung* und *Nif-Sprecher als Urheber ungenormter Lautung* differenziert wird. Die abschließende Kategorie *Verwendung der Standardlautung* repräsentiert das Resultat der übergeordneten Forschungsfrage. Während die Sprecher aus den Nachrichtensendungen von ARD und RTL2, wie auch schon in Abbildung a) deutlich wurde, ungefähr gleich viele Merkmale ungenormter Lautung aufweisen, zeichnet sich bei der Personenstruktur ein starker Kontrast ab: Im Gegensatz zu den „SAT.1- Nachrichten" und den „RTL2 News", bei welchen die Akteure der Anmoderationen hauptsächlich für die Umgangs- bzw. Überlautung verantwortlich sind, ist bei der „Tagesschau" eine ungenormte Lautung mit 65,9 % vor allem auf die Sprecher der Nachrichten im Film zurückzuführen. In der Kategorie *Anmoderation als Urheber ungenormter Lautung* nimmt die Sprecherin der „RTL2 News" mit 54% den größten Anteil an ungenormten Aussprachemerkmalen gegenüber den Anmoderationen der übrigen Sender ein. Wie Graphik a) auch schon erahnen ließ, orientieren sich die journalistischen Präsentatoren aus den „ SAT.1- Nachrichten" mit 57,7 % am ehesten an der Standardsprache, gefolgt von den Sprechern der „Tagesschau" mit 50,6 % und der „RTL2 News" mit 50%.

5.3 Interpretation der Analyseergebnisse

Nach einer primären Betrachtung der Graphik a) ist zunächst zu erkennen, dass der Anteil an Verwendung „ungenormter Lautung" bei allen Sendeformaten relativ nah an der 50% Grenze liegt, sodass sich die Aussprache jeden Senders insgesamt aus fast genauso vielen linguistische Merkmale der Standardsprache wie aus denen der ungenormten Lautung zusammensetzt. Dieses Phänomen ist in Anbetracht journalistischer Fachliteratur „Sprechen und Moderieren", in welcher Stefan Wachtel eine erfolgreiche Sprecherziehung definiert, nicht verwunderlich:

> „Weil Sprechen i[m] […] Fernsehen rhetorische Kommunikation ist, schlagen Versuche, mit sprecherzieherischen Zielen allein an der >Hochlautung< zu arbeiten, notwendigerweise fehl. Dann könnte >bühnenreif< Gesprochenes entstehen. Das mag in einem gewissen Sinne >professionell< sein, oft genug schafft sprecherische Brillanz aber eben […] Distanz […]" (Wachtel 2009: S. 15)

Darüber hinaus sind durch die regionalen und sozialen Wurzeln der individuellen Sprecher trotz sprecherzieherischer Ausbildung Einflussfaktoren gegeben, die eine vermehrte Verwendung von ungenormter Lautung nicht verhindern lassen.

In einer genaueren Betrachtungsweise sind dennoch den „SAT.1-Nachrichten" die geringste Anzahl an Merkmalen ungenormter Lautung nachzuweisen, die sich von den Ergebnissen der „Tagesschau" und den „RTL2 News", deutlich abheben. Zieht man die Gesamtzahl der generell, absolut vorhandenen Merkmale allerdings in Betracht, so ist diese bei SAT.1 mit insgesamt 104 untersuchten Phänomenen wesentlich höher als die von RTL2 und ARD, bei welchen nur 74 bzw. 83 Merkmale zur Verfügung standen. Daher ist es durchaus möglich, dass sich der prozentuale Anteil ungenormter Lautung der Sender ARD und RTL2 bei zusätzlichen Daten dem Wert der SAT.1 Nachrichten annähern könnte. Dennoch lässt sich auf Basis der untersuchten Daten zunächst die Aussage treffen, dass die beiden Sendeformaten „RTL2 News" und „Tagesschau" bezüglich der Merkmale ungenormter Lautung auf eine Ebene zu stellen sind, die sich nur durch die *Tendenz zur Umgangslautung* differenziert. Aus dieser Kategorie lassen sich auch erste Thesen bezüglich der unterschiedlichen Qualifikationen der Gesamtheit der Sprecher resümieren, wenn erneut die Definition des Dudens bezüglich „ungeschulte[r] Sprecher" (vgl.3) herangezogen wird. Demzufolge kann den Sprechern der „Tagesschau", obwohl der Gesamtanteil an ungenormter Lautung sich kaum von dem in den „RTL2 News" unterscheidet, eine qualitativ höhere Einschätzung beigemessen werden, da der Anteil an tendenziellen Merkmalen der Überlautung des letzteren Senders wesentlich größer ist.

Generell können die Definitionen des Dudens zur Bestätigung der Tatsache herangezogen werden, dass die beteiligten journalistischen Akteure als keine „ungeschulte[n] Sprecher" (Mangold 2005: S.67) bezeichnet werden können, da bei allen Sendern eine größere Tendenz zur Umgangs- als zur Überlautung für die Wiedergabe der Nachrichten herangezogen wurde. Diese allgemeine Aussage über die Qualifikation der Sprecher kann unter Berücksichtigung des Säulendiagramms aus Abbildung b) durch weitere personenspezifische Unterschiede ergänzt werden, die eine deutliche Abgrenzung der Nachrichtensprecher der privaten Sender von denen des traditionellen, öffentlich-rechtlichen Sendeformats der ARD zulassen. Die Tatsache, dass bei der „Tagesschau" die Anmoderation für eine sehr geringe Anzahl an ungenormten Lautungsmerkmalen verantwortlich ist, lässt bei der Übertragung auf die Forschung von Nachrichtenqualität, eine qualitativ höhere Einschätzung der „Tagesschau" Anmoderation im Vergleich zu den übrigen Anmoderationen zu. Denn Neutralität, ein essentielles Kriterium journalistischer Professionalität, wird hier durch die hauptsächliche Verwendung der neutralen Standardsprache von dem Hauptakteur der Nachrichtensendung mehr gerecht als bei den anderen Sendern. Das Faktum, dass die Anmoderationen der „RTL2 News" am meisten von Merkmalen ungenormter Lautung Gebrauch macht, ist demzufolge eher negativ auf deren Professionalität zu übertragen und könnte mit dem vornehmlich jüngeren Publikum, das RTL2 in dessen Nachrichten adressiert, zusammenhängen. Dieses ist an einen umgangssprachlicheren Sprechstil gewöhnt, mit welchem es sich besser identifizieren kann. Möglicherweise stellt auch die Tatsache, dass sie als einzige weibliche Anmoderation in der Datenanalyse agiert, einen Einflussfaktor dar, welcher weiterer Materialuntersuchung zur Verifizierung bedürfen würde.

Insgesamt resultiert aus der Analyse die letzte Kategorie des Streifendiagramms b), welche bezüglich der Orientierung an der Standardaussprache eine klare Rangordnung darstellt: Auf SAT.1, die in den „SAT.1- Nachrichten" den größten Anteil an genormter Lautung verwendet, folgt die „Tagesschau" der ARD und zuletzt die „ RTL2 News".

6 Fazit

Die deutliche Abgrenzung der Nachrichtenformate des dualen Systems, die anhand von oberflächlichen und forschungsorientierten Qualitätsmerkmalen vorgenommen wurde, ist in Anbetracht der Analyseergebnisse nicht auf die linguistische Ebene übertragbar. Vielmehr wird auf Grundlage der Resultate eine Annährung des öffentlich-rechtlichen Senderformats „Tagesschau" an die „RTL2 News" ersichtlich, die beide von wesentlich mehr Merkmalen ungenormter Lautung Gebrauch machen als die Sprecher der „SAT.1 Nachrichten". Diese Konvergenz der Sender ARD und SAT.1 lässt sich angesichts der Kategorie *Tendenz zur Überlautung* allerdings abschwächen, wobei hier die Sprecher der „Tagesschau" und der „Sat1 Nachrichten" generell gleichzustellen sind im Gegensatz zu denen der „RTL2 News", welche laut Duden eher als „ungeschulte Sprecher" definiert werden könnten. Das einzige Kriterium, welches der Divergenz des dualen Systems gerecht wird, ist unter dem Aspekt *Anmoderation als Urheber ungenormter Lautung* anzudeuten, bei welchem der Hauptsprecher der „Tagesschau" deutlich weniger für die Verursachung von „ungenormter Lautung" verantwortlich ist, als bei den privaten Sendeformaten. Diese Tatsache, dass die „Tagesschau"- Anmoderation im Vergleich zu den anderen Moderatoren/-innen am meisten von der Standardlautung Gebrauch macht, insinuiert im Kontrast zu den privaten Nachrichtenformaten eine stärkere Tendenz zu Neutralität, was als Qualitätskriterium laut der Studie Mauerers festgelegt worden ist. Dennoch ist insgesamt bezüglich der Verwendung „genormter Lautung" eine Skala abzubilden, die den journalistischen Akteuren der „SAT.1 Nachrichten" insgesamt die höchste Orientierung an der Standardsprache zuspricht, welche bei denen der „Tagesschau" geringer ausfällt und in den „RTL2 News" noch weniger Berücksichtigung findet. Zieht man jetzt allerdings erneut die unterschiedliche Anzahl an untersuchten Merkmalen in Betracht, bedürfe die eindeutige Verifizierung dieser Rangfolge weiterer Analysen anhand von zusätzlichen Daten. Dadurch könnte möglicherweise die herausragende Stellung von Sat1 im Vergleich zu den anderen Sendern bzw. die Konvergenz zwischen den Resultaten der „Tagesschau" und denen der „RTL2 News" relativiert werden. Des Weiteren lassen die Resultate ebenso Rückschlüsse auf die Professionalität der Sprecher zu, die allerdings auf Grundlage mehrerer, vielseitiger Definitionen untersucht werden müssten, um zu eindeutigen, fundierten Aussagen gelangen zu können.

7 Literaturverzeichnis

Klann-Delius, Gisela: *Sprache und Geschlecht. eine Einführung*. Stuttgart u.a.: Metzler 2005

Mangold, Max. *Duden. Das Aussprachewörterbuch*. Hrsg. von Kathrin Kunzel-Razum, Werner Scholze-Stubenrecht u.a. 6.Mannheim: Dudenverlag 2005 (= Der Duden in 12 Bänden. Das Standardwerk zur deutschen Aussprache, Bd. 6)

Maurer, Torsten: *Fernsehnachrichten und Nachrichtenqualität. Eine Längsschnittstudie zur Nachrichtenentwicklung in Deutschland*. München: Verlag Reinhard Fischer 2005 (= Angewandte Medienforschung. Schriftreihe für die Kommunikationswissenschaft, Bd. 32)

Netopil, Nicole: *Nachrichtensendungen im deutschen TV. Konzeption und Realität von Nachrichtensendungen ; eine Befragung der Nachrichtenmacher*. Köln: Teiresias-Verlag 1999

Hrsg. von Marita Papst-Weinschenk: *Grundlagen der Sprechwissenschaft und Sprecherziehung*.2.München: Ernst Reinhardt Verlag 2011

Hrsg. von Dr. Norbert Schneider, Wolfgang Hahn-Cremer: *Der Wert von Nachrichten im deutschen Fernsehen. ein Modell zur Validierung von Nachrichtenfaktoren*. Opladen: Leske & Budrich 2003 (= Schriftenreihe Medienforschung der Landesanstalt für Medie Nordrhein-Westfalen, Bd. 45)

Wachtel, Stefan: *Sprechen und Moderieren in Hörfunk und Fernsehen*. 6. Konstanz: UVK Verlagsgesellschaft mbH 2009 (= Praktischer Journalismus, Bd. 23)

http://www.ard.de (Zugriff am: 25. 03.2012)

http://www.sat1.de (Zugriff am: 25.03.2012)

http://www.rtl2.de (Zugriff am : 25.03.2012)

http://www.sueddeutsche.de/kultur/rtl-news-anti-erziehungs-tv-was-der-tagesschau-peinlich-ist-1.587981(Zugriff am 25.03.2012)

http://www.quotenmeter.de/cms/?p1=n&p2=37740&p3 (Zugriff am 25.03.2012)

http://www.ard-hauptstadtstudio.de/programm/das_erste/tagesschau/tagesschau130.html (Zugriff am 25.03.2012)